El gran FERROCARRIL

Darice Bailer
Ilustraciones de Bill Farnsworth

Stephens Elementary

ALFAGUARA

Mi padre era un ingeniero visionario, como Theodore Judah. También fue un fotógrafo pionero, como A. J. Russell. Fue mi padre quien diseñó el lente de la cámara que viajó al espacio en el primer satélite meteorológico de Estados Unidos. Aquel satélite, el Tiros, se exhibe hoy en el Museo del Aire y el Espacio de la Institución Smithsonian. Dedico este libro a mi padre y a todos aquellos que son capaces de idear grandes avances, tanto en la Tierra como en el espacio.
—D.B.

A mi esposa, Deborah, y a nuestras hijas, Allison y Caitlin.
—B.F.

Título original: *Railroad! A Story of the Transcontinental Railroad*
© 2003 Trudy Corporation & Smithsonian Institution, Washington DC 20560
© Illustraciones: 1996, Bill Farnsworth
Todos los derechos reservados.
Publicado en español con la autorización de Trudy Corporation.

© De esta edición:
2007, Santillana USA Publishing Company, Inc.
2105 NW 86th Avenue
Miami, FL 33122, USA
www.santillanausa.com

Diseño: Marcin D. Pilchowski
Edición: Isabel Mendoza
Alfaguara es un sello editorial del Grupo Santillana. Éstas son sus sedes:
ARGENTINA, BOLIVIA, CHILE, COLOMBIA, COSTA RICA, ECUADOR, EL SALVADOR, ESPAÑA, ESTADOS UNIDOS, GUATEMALA, MÉXICO, PANAMÁ, PARAGUAY, PERÚ, PUERTO RICO, REPÚBLICA DOMINICANA, URUGUAY Y VENEZUELA.

Agradecimientos:
Soundprints desea agradecer a Ellen Nanney y Robyn Bissette, de la oficina de Desarrollo de Producto y Licencias de la Institución Smithsonian por la ayuda prestada en la creación de este libro.

El gran ferrocarril
ISBN 10: 1-59820-598-6
ISBN 13: 978-1-59820-598-5

Published in the United States of America
Printed in Colombia by D'vinni S.A.

10 09 08 07   1 2 3 4 5 6 7 8 9 10

Índice

Nota al lector

A lo largo de la lectura, verás palabras resaltadas en negritas. Podrás encontrar más información sobre ellas en el Glosario, al final del libro.

Capítulo 1

¡Sonrían, por favor!

—¡Dejen de payasear! —dice Lucy desesperada.

Está intentando tomar una foto de sus mejores amigos, Tomás, Emma y Kevin. Están parados frente a una enorme locomotora de vapor que se exhibe en la Sala del Transporte del Museo Nacional de Historia Estadounidense de la Institución Smithsonian. En lugar de sonreír, sus amigos bromean y no paran de moverse. En el preciso instante en que ella está a punto de tomar la foto, Tomás levanta una mano con dos dedos abiertos por detrás de la cabeza de Emma. Quiere que salga en la foto ¡con orejas de conejo!

—¡Compórtate, Kevin! —le ruega
Lucy—. Estas fotos son para el periódico
escolar.

De pronto se escucha el estridente
chirrido de una locomotora de vapor al
detener su marcha. Lucy se sobresalta.
La cámara se le cae y se estrella contra
el piso. Pero ahora sólo tiene ojos y oídos
para averiguar qué ha producido ese ruido.
Es una grabación que proviene de una
exhibición vecina. Sus amigos corren para
ver de qué se trata.

—Ya no podré tomar fotos —suspira
Lucy mientras recoge su cámara.

Al levantar la vista, le llama la
atención un hermoso mural en uno de
los escaparates.

Lucy observa con detenimiento el dibujo. Hay un grupo de hombres alrededor de dos locomotoras antiguas. A Lucy le parece haber visto antes esta escena. Una leyenda en el escaparate explica que esos hombres están celebrando el final de la construcción del primer ferrocarril transcontinental de Estados Unidos, en 1869.

Lucy continúa leyendo. Se entera de que los obreros de la compañía de ferrocarriles Central Pacific construyeron una vía férrea desde California hacia el este, y los de la Union Pacific construyeron otra desde Nebraska hacia el oeste. Los dos tramos se juntaron en Promontory, Utah. Así finalizó la construcción del primer ferrocarril que atravesó el país de costa a costa.

De repente, Lucy se da cuenta de
por qué esa imagen le había parecido
familiar. Es un dibujo basado en la famosa
fotografía tomada por Andrew J. Russell
aquel histórico día. ¡La ha visto muchas
veces en sus libros de historia!

"Bueno, si no puedo tomar una
foto de mis amigos, tomaré una de este
hermoso mural", se dice Lucy. Entonces,
coloca la cámara frente a su rostro, pero
de pronto siente que una tela le cubre la
cabeza. Rápidamente, se la quita y mira
a su alrededor. Frente a ella están todos
los hombres de la imagen del mural.
¡Pero ahora son de carne y hueso!

"¿Qué está pasando aquí?", se
pregunta asombrada.

Capítulo 2

Historia viva

—Señor Russell, ¿está listo para tomar la fotografía? —le pregunta a Lucy uno de los obreros.

—¿Señor Russell? ¡Yo no soy el señor Russell! ¡Soy Lucy! —grita ella, pero en vano, porque el griterío de la multitud no deja oír su voz.

Lucy se pregunta por qué la han confundido con el señor Russell. Se mira a sí misma y se da cuenta entonces de que no lleva puesta su ropa. Viste ahora un pantalón ancho y unas rígidas botas. ¡Está vestida como un hombre!

"Con razón creen que yo soy el fotógrafo", piensa de buen humor. "Esto puede ponerse muy divertido".

En ese momento, otro hombre se acerca a Lucy y la saluda amablemente.

—Buenos días, señor Russell. Me alegro mucho de que sea usted quien vaya a fotografiar este evento. Parece increíble que hoy, por fin, se vaya a poner la última **escarpia** de la vía férrea.

—El honor es mío —le dice Lucy sonriente, modulando la voz para que suene grave, como la de un hombre—. La fotografía que estoy a punto de tomar será eternizada en los libros de historia.

Lucy no miente. ¡Sabe perfectamente que así será!

Lucy mira la extraña cámara que tiene frente a ella. Por fortuna, ha leído mucho sobre fotografía. Sabe, por ejemplo, que las cámaras de aquella época no usaban película. Los fotógrafos mezclaban varios productos químicos y cubrían con la mezcla una placa de vidrio. Esta placa se convertía en el negativo con el que imprimían sus fotografías en papel.

Lucy observa una carreta que está cerca de la cámara. "¡Debe ser la del señor Russell!", piensa, y decide echar un vistazo en su interior. Al hacerlo, comprueba que es el **cuarto oscuro** ambulante de A. J. Russell. De inmediato, se pone a buscar todo lo que va a necesitar para tomar la fotografía.

Afuera, dos hombres conversan. Lucy los escucha con atención.

—¡Pobre Theodore Judah! —exclama uno de ellos—. Siempre soñó con construir un ferrocarril que atravesara el país de costa a costa. Sabía que así sería más fácil viajar al Oeste. Es una pena que haya muerto tan joven.

—Tienes razón —responde el otro—. El pobre hombre murió en 1863, el mismo año en que comenzó a construirse este ferrocarril.

Lucy está de acuerdo. Es muy lamentable que Theodore Judah no haya vivido para ver su sueño hecho realidad.

Capítulo 3

Un trabajo muy duro

Lucy sale de la carreta de un brinco. Siente mucha curiosidad por conocer mejor a los hombres que trabajaron en la construcción del ferrocarril. Le llaman la atención dos hombres chinos que llevan unas trenzas muy largas. Decidida, camina hacia ellos y se presenta.

—Buenos días, caballeros. Me llamo Andrew Russell.

—¿Cómo está usted, señor Russell? —responde uno de ellos—. Soy Yang Li, y éste es mi amigo, Long Ho. Trabajamos para la Central Pacific.

—¿Cómo pudieron construir esta vía férrea a través de las montañas? —les pregunta Lucy.

—¡Eso sí que fue difícil! —exclama Yang Li—. Algunas veces nos tomaba todo un día hacer un simple hueco con picos y palas. De hecho, ¡tardamos tres años en tender 100 millas de rieles en las **Sierras**!

Lucy no puede creerlo. Está a punto de preguntarles por qué no usaron excavadoras, pero se detiene a tiempo. Recuerda que en aquella época no existían esas máquinas. Ni siquiera había motores de gasolina. Ahora entiende por qué les tomó tanto tiempo terminar la obra.

Lucy observa la mano derecha de Yang Li. ¡Le faltan todos los dedos!

Al darse cuenta de que Lucy está mirándole la mano, Yang Li le explica:

—El **polvo negro** me los quitó. Trabajábamos en los escarpados riscos del Cañón del río Americano. Mi trabajo consistía en abrir unos agujeros en las rocas y luego llenarlos de pólvora. Después, tenía que prenderle fuego y salir corriendo para ponerme a salvo. Algunas veces, el polvo negro estallaba como la bala de un cañón.

Lucy escucha con gran interés la historia de Yang Li.

—Y, entonces, ¿qué pasó? —le pregunta.

—En una ocasión, el polvo negro estalló en mi mano. No tuve tiempo de huir —dice Yang Li , y suelta un suspiro.

—Lo siento mucho —dice Lucy, conmovida.

—Hubo muchos momentos difíciles —recuerda Long Ho—. Los inviernos también estuvieron a punto de matarnos. Recuerdo uno en especial, cuando estábamos en el Paso Donner. Nunca en mi vida había visto tanta nieve. ¡Llegó a acumularse hasta cuarenta pies de altura!

"Eso es más alto que mi casa", piensa Lucy. "Con una nevada así, ¡no habría clases durante semanas!".

—Era muy peligroso trabajar en la nieve —dice Long Ho—. El suelo era tan blando que podíamos hundirnos hasta los hombros. Y hubo avalanchas que sepultaron a muchos compañeros. Teníamos que desenterrarlos a toda prisa para evitar que murieran congelados.

Un grupo de trabajadores de la Union Pacific se acerca a ellos atraídos por la conversación.

—¿Ustedes creen que la nieve fue lo peor? —dice uno de los recién llegados— ¡No se imaginan lo que nos tocó a nosotros!

Capítulo 4

Los últimos días

—¡Nosotros tuvimos que volar las montañas de las Sierras para poder llegar hasta aquí! ¿Qué pudo haber sido peor que eso? —dice Yang Li mostrando su mano mutilada.

Patrick, el obrero de la Union Pacific, responde: —Nosotros tuvimos que enfrentarnos a los indios lakota-siux y a los cheyenes en las Grandes Llanuras de Nebraska.

Lucy recuerda haber leído algo acerca de la masacre de Plum Creek y sobre otros ataques de los indios al verse desalojados de sus tierras.

Lucy piensa que sería muy triste para los lakota-siux y los cheyenes ver esta celebración. ¡Ellos no tendrían motivo alguno para celebrar!

Aunque quisiera, Lucy no puede seguir escuchando las historias de los obreros. Debe ponerse a trabajar de inmediato. Se estremece al imaginar lo que sucedería si no pudiera llegar a tomar la histórica foto.

De vuelta en la carreta del señor Russell, mete la placa de vidrio en una bandeja llena de productos químicos. Desde allí puede seguir oyendo a los obreros, quienes ahora hablan con un reportero.

—Hace sólo unos días, la Central Pacific y la Union Pacific estaban a tan sólo veinticinco millas de distancia, y competían por cubrir más millas. ¡Entre más rieles tendíamos, más dinero ganábamos! —dice con orgullo un obrero de la Central Pacific.

En un momento se colocará la última escarpia, que unirá los dos tramos del ferrocarril. Todos comienzan a congregarse para presenciar este momento histórico. Lucy termina justo a tiempo los preparativos para tomar la fotografía.

Desde su cámara, Lucy mira con admiración al enorme grupo de obreros. ¡Todos ellos desempeñaron un papel importante en la construcción de este ferrocarril colosal!

Capítulo 5

¡Terminamos!

En el preciso momento en que Lucy levanta la placa de vidrio, comienza la ceremonia.

Uno de los dueños de la compañía de ferrocarriles Central Pacific, Leland Stanford, muestra a todos los presentes una reluciente escarpia dorada que tiene grabadas unas palabras. El señor Stanford las lee en voz alta: "Que Dios continúe uniendo nuestra nación de la misma manera como este ferrocarril ha unido los dos principales océanos del mundo".

El señor Stanford simula clavar la escarpia dorada y otro clavo parecido en un **durmiente** del ferrocarril. Luego los saca, para guardarlos como recuerdo.

El martillo de plata que ha usado el señor Stanford tiene un alambre atado. El otro extremo del alambre llega hasta un **telégrafo** instalado en una mesa cercana. Al ver que el alambre se tensa, un telegrafista envía de inmediato un mensaje: "¡TERMINAMOS!". La noticia llega a todos los rincones del país.

Luego, las dos locomotoras avanzan hasta tocarse.

A toda prisa, Lucy coloca la placa de vidrio dentro de la cámara.

—Todos listos —grita mirando a la multitud—. Ustedes tardaron más de seis años en construir este ferrocarril, pero yo sólo necesitaré treinta segundos para tomarles esta fotografía.

Entonces, mete su cabeza debajo de la tela negra que cubre la cámara, y abre el obturador para exponer el negativo a la luz. ¡La imagen ha quedado capturada para la historia!

Capítulo 6

¡Qué extraordinaria hazaña!

Lucy asoma su rostro por detrás de la cámara. Aún no deja de asombrarle la hazaña que significó la construcción de ese ferrocarril. Todos esos obreros dejaron a sus familias para trabajar durante años en tierras agrestes y lejanas. Gracias a ellos, esas tierras ahora estarán integradas con el resto de la nación. Los pioneros que viajen hacia el Oeste serán como astronautas que exploran el espacio. Ahora, todos podrán cruzar el país de costa a costa en sólo dos semanas. Se formarán nuevas poblaciones y se extenderá el comercio, tanto nacional como internacionalmente

Lucy cierra los ojos y se dice convencida: "¡Qué extraordinaria hazaña!".

En la distancia se escuchan las campanas y los silbatos de una locomotora. Lucy abre los ojos.

"¿Dónde estoy?", se pregunta confundida mirando a su alrededor. ¡Está de vuelta en el museo, contemplando el mural!

Tomás está a su lado, y les explica a todos: —Este dibujo está basado en una foto que tomó un señor llamado Andrew J. Russell.

Luego se acerca a Lucy y, mirando la cámara en sus manos, le dice al oído: —Es una foto muy bonita. Apuesto que tú nunca podrías tomar una así.

Lucy sonríe y dice para sus adentros: "¡Si Tomás supiera...!".

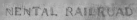

Glosario

cuarto oscuro. Cuarto sin luz en donde los fotógrafos revelan e imprimen sus fotografías.

durmiente. Tabla gruesa que se tiende sobre el suelo para que sirva de lecho a los rieles de la vía férrea.

escarpia. Clavo grueso, largo y puntiagudo que se usa para sujetar el riel de hierro al durmiente de madera.

polvo negro. Nombre que se le daba a la pólvora que se usaba para abrir camino entre las montañas.

Sierras. Se refiere a las montañas de la Sierra Nevada en los estados de California y Nevada.

telégrafo. Aparato por medio del cual se envían mensajes cifrados y transmitidos a través de pulsos eléctricos.

Acerca del ferrocarril transcontinental

Antes de 1869, era no sólo difícil sino peligroso atravesar el extenso territorio de Estados Unidos. Por eso, a Theodore Dehone Judah, ingeniero en jefe de la compañía de ferrocarriles del Valle de Sacramento, se le ocurrió construir un ferrocarril transcontinental que uniera el Este con el Oeste del país.

En 1862, el Congreso aprobó una ley que autorizaba a la compañía de ferrocarriles Union Pacific para construir una vía férrea a partir de Omaha, Nebraska, en dirección oeste; y a la compañía Central Pacific para que se hiciera cargo del otro tramo, desde Sacramento, California, hacia el este. Ambas compañías debían encontrarse en algún punto intermedio.

Las dos compañías iniciaron la obra en 1863. El 10 de mayo de 1869, los dos grupos de trabajadores se encontraron por fin en Promontory Summit, Utah. Allí mismo se llevó a cabo la "ceremonia de la escarpia dorada" para celebrar el nacimiento del primer ferrocarril transcontinental de la nación.

El primer tren hacia el oeste partió
al día siguiente. En poco tiempo, pasajeros
y mercancías estaban atravesando el país
en menos de dos semanas. Las compañías
del Este embarcaban herramientas y
maquinaria hacia el Oeste, mientras que
los granjeros del Oeste enviaban granos
y ganado al otro extremo del país.

Desde entonces, viajar de una costa
a otra resultó más sencillo y cómodo que
nunca. ¡El país, por fin, estaba unido!